Les grandes  *métropoles*

LONDRES

Christine Hatt

Photographies de
Chris Fairclough

GAMMA · ÉCOLE ACTIVE

© Belitha Press Limited 2000
London House, Great Eastern Wharf
Parkgate Road, London SW11 4NQ
Titre original : *London.*

© Éditions Gamma,
60120 Bonneuil-les-Eaux, 2001,
pour l'édition française.
Traduit par Jacques Canezza.
Dépôt légal : 2ᵉ trimestre 2001.
Bibliothèque nationale.
ISBN 2-7130-1915-X

Exclusivité au Canada :
Éditions École Active
2244, rue de Rouen, Montréal,
Qué. H2K 1L5.
Dépôts légaux : 2ᵉ trimestre 2001.
Bibliothèque nationale du Québec,
Bibliothèque nationale du Canada.
ISBN 2-89069-649-9

Loi n° 49-956 du 16 juillet 1949
sur les publications destinées à la
jeunesse.

Imprimé à Hong Kong.

Crédits photographiques :

Bridgeman Art Library London et New York /British Library,
London 8d, /Guildhall Library, Corporation of London 10b, 24b,
/Private Collection 9b, 9h, 40h, /Private Collection /Stapleton
Collection 41h, /Victoria and Albert Museum, London 40b ;
Colorsport 35b ; Robert Harding Picture Library 4, 31h, 36h,
39h ; Hayes Davidson/Nick Wood 42h ; Hulton Getty 11h, 27bd :
© Museum of London 8l ; Rex Features 11b, 35h, 38h, 38b, 39b,
41b ; © Tate Gallery, London 1999 37b ; © V et A Picture Library
42b ; Weidenfeld Archives 10h, 26-27h, /Lloyds of London 24h.

Les mots **en gras** sont expliqués dans le glossaire pages 46 et 47.

SOMMAIRE

Londres est la capitale du Royaume-Uni qui est composé de la Grande-Bretagne (Angleterre, Écosse et Pays de Galles) et de l'Irlande du Nord. La ville s'étend sur les rives de la Tamise, dans le Sud-Est de l'Angleterre, et couvre une surface de 2 500 km² environ. Londres est de loin la ville la plus importante du Royaume-Uni (7 millions d'habitants). Birmingham, la deuxième plus grande ville, compte à peine plus d'un million d'habitants.

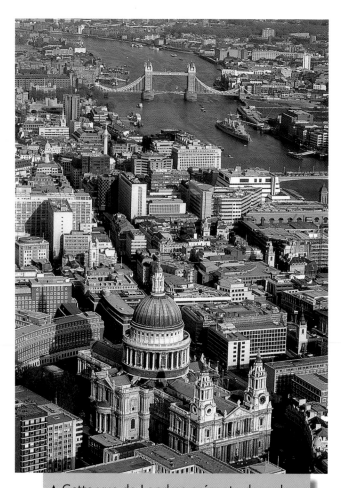

▲ Cette vue de Londres présente deux des plus célèbres monuments de la capitale Tower Bridge, qui traverse la Tamise et la cathédrale Saint-Paul avec son dôme important.

Le centre financier

La **City** est la partie la plus ancienne de la ville. Elle couvre une petite surface, le **Square Mile** (le mile carré), sur la rive nord de la Tamise. Elle abrite la Bourse des valeurs (*Stock Exchange*), la Banque d'Angleterre (*Bank of England*) et de nombreux autres établissements qui en font l'un des plus grands centres financiers du monde.

La vie culturelle

Londres est un centre mondial de la culture. La ville compte plus de quarante théâtres (voir page 34) qui présentent une grande variété de spectacles, des comédies musicales aux tragédies de William Shakespeare. Elle abrite également un grand nombre de cinémas, de salles de concert et de musées.

La résidence royale

Les souverains anglais (puis britanniques) résident à Londres depuis presque mille ans. La ville compte plusieurs palais royaux. St. James Palace fut construit par le roi Henry VIII au XVIᵉ siècle. Depuis 1837, le monarque réside dans Buckingham Palace (le palais de Buckingham), (voir page 15).

LONDRES

STATUT
Capitale du Royaume-Uni de Grande-Bretagne
et d'Irlande du Nord

SUPERFICIE
2500 kilomètres carrés

POPULATION
7 122 200 habitants (1997)

ADMINISTRATION
32 mairies d'arrondissement (*local councils*)
et la mairie de Londres (*Corporation of London*)
et depuis 2000, les 25 membres de l'Assemblée
du Grand Londres (*Greater London Assembly*)

CLIMAT
Température moyenne : 5 °C en janvier
et 18 °C en juillet

HEURE LOCALE
Heure du méridien de Greenwich (jusqu'à
la fin du mois de mars), **heure d'été** (de la fin
du mois de mars au début d'octobre)

MONNAIE
100 pence = 1 livre sterling

LANGUE
Anglais

La colonne de Nelson, ➤
haute de 56 m,
domine Trafalgar
Square. La statue
à son sommet est
celle de l'amiral
Nelson, un héros
national (voir page 15).

Le gouvernement local et national

Londres est composée de 32 *boroughs*
(arrondissements) et de la City. Chaque
borough est dirigé par un conseil et la City
est gouvernée par le conseil municipal dirigé
par le maire. En 2000, les Londoniens ont élu
l'Assemblée du Grand Londres qui gère la
ville entière (voir page 42). Le gouvernement
national du Royaume-Uni est lui aussi
installé à Londres. Il est constitué de la
Chambre des communes et de la **Chambre
des lords** qui se réunissent dans le palais de
Westminster, souvent appelé Houses of
Parliament, (le parlement).

◄ Houses of Parliament,
sur la rive Nord de la
Tamise. La tour de
l'Horloge est souvent
appelée Big Ben qui
est en fait le nom de
l'énorme cloche.

PLANS DE LA VILLE

 Ces plans vous présentent Londres telle qu'elle est aujourd'hui. Le plan général vous montre les limites des treize arrondissements du centre de la ville et de la City. Le plan détaillé des rues vous présente le centre de Londres. De nombreux lieux mentionnés dans ce livre y sont indiqués.

LES 13 ARRONDISSEMENTS

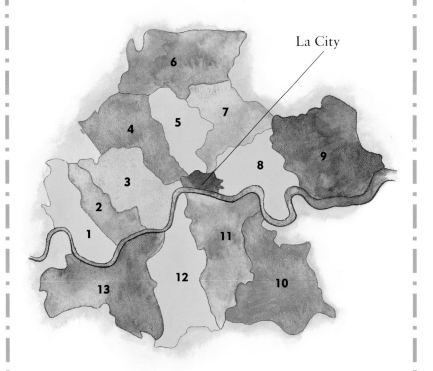

La City

LE CENTRE DE LONDRES

CANAL DU RÉGENT

LA SERPENTINE

Le *Greater London* (Grand Londres) désigne l'ensemble de la ville et est constitué de deux parties : *Inner London* (le centre) et *Outer London* (le reste de la ville). Inner London - ci-dessus - est composé de 13 arrondissements et de la City. Outer London compte 19 arrondissements.

1	Hammersmith et Fulham	**7**	Hackney
2	Kensington et Chelsea	**8**	Tower Hamlets
3	Westminster	**9**	Newham
4	Camden	**10**	Lewisham
5	Islington	**11**	Southwark
6	Haringey	**12**	Lambeth
		13	Wandsworth

1 Natural History Museum
2 Science Museum
3 Victoria and Albert Museum
4 Royal Albert Hall
5 Albert Memorial
6 Hyde Park
7 Mosquée du centre de Londres
8 Regent's Park
9 Musée de Madame Tussaud
10 British Museum
11 Shaftesbury Avenue
12 Covent Garden
13 Soho

14 Eros, Piccadilly Circus
15 National Gallery
16 Trafalgar Square
17 Colonne de Nelson
18 Cénotaphe
19 St. James Palace
20 St. James's Park
21 Buckingham Palace
22 Cathédrale de Westminster
23 Abbaye de Westminster
24 Tate Gallery
25 Houses of Parliament
26 Pont de Westminster

27 Royal National Theatre
28 Maison du Dr Johnson
29 Old Bailey
30 Cathédrale Saint-Paul
31 Museum of London
32 Barbican Centre
33 Banque d'Angleterre
34 City (voir la carte des arrondissements)
35 Lloyd's of London
36 Globe Theatre
37 London Bridge
38 Tour de Londres
39 Tower Bridge

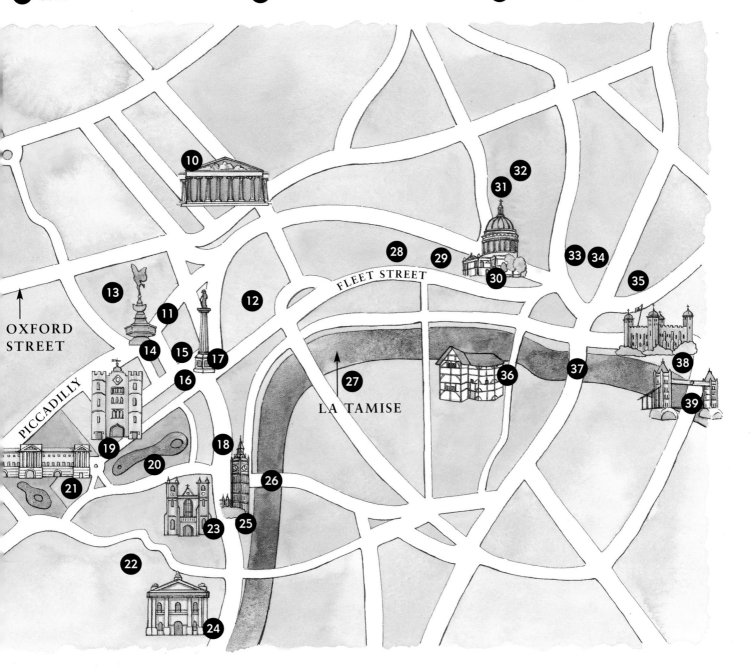

OXFORD STREET

PICCADILLY

FLEET STREET

LA TAMISE

LES ORIGINES DE LONDRES

Les Romains envahirent l'Angleterre en 43 apr. J.-C. Ils débarquèrent dans le Kent, rejoignirent la Tamise et la remontèrent. Puis, ils s'installèrent sur la rive nord, à un endroit où la rivière n'était pas trop large. Ils baptisèrent cet endroit *Londinium*. Puis, ils construisirent un pont sur la rivière.

◄ À l'époque romaine, les Londoniens s'éclairaient avec des lampes à huile. Cette lampe en forme de pied fut fabriquée en Hollande et transportée à Londres par bateau.

Londinium

Des tribus anglaises combattirent les Romains. Les Icènes, conduits par la reine Boadicée, firent brûler *Londinium* en 61. Mais les Romains finirent par les vaincre et reconstruisirent la ville. Elle devint la capitale de la Bretagne romaine. Les Romains édifièrent une basilique, un **forum** et un fort ainsi qu'un mur d'enceinte. Ils dominèrent la ville jusqu'en 410 apr. J.-C.

Les Saxons et les Vikings

Au Ve siècle, des **Saxons** s'installèrent à l'ouest de *Londinium* et fondèrent la ville de *Lundenwic*. Au IXe siècle, cette ville fut attaquée par les **Vikings** danois. En 886, ils furent vaincus par **Alfred le Grand** qui reconstruisit la ville romaine. En 1016, les Vikings reconquirent la ville, mais furent chassés en 1042 par Edouard le Confesseur.

Londres au Moyen Âge

Le roi Harold succéda à Edouard en 1066. Il fut vaincu la même année par le **Normand** Guillaume le Conquérant qui fut couronné roi à l'abbaye de Westminster (voir page 22). Londres s'agrandit et comptait près de 80 000 habitants en 1300. L'épidémie de **peste noire** de 1348-1350 tua près de la moitié d'entre eux.

▲ Cette illustration du XVe siècle représente la Tour de Londres qui était à l'époque une prison.

Londres à l'époque des Tudor

Londres se développa sous la dynastie des **Tudor**. Le roi Henri VIII fit construire des palais comme celui de Saint-James. Il est également célèbre pour avoir ordonné la fermeture des monastères de la ville en 1536, après que l'Église catholique lui eut refusé le divorce. Sous le règne d'Elisabeth Ire, Londres était une ville riche et prospère. Le théâtre y devint populaire sous l'impulsion de l'auteur dramatique William Shakespeare, qui arriva à Londres aux alentours de 1590.

▲ Les Britanniques se souviennent tous les ans de l'échec de la Conspiration des poudres de 1605 en brûlant des effigies de Guy Fawkes.

Londres à l'époque des Stuart

Le premier roi **Stuart**, Jacques Ier, accéda au trône en 1603. En 1605, un attentat fut organisé contre lui et contre le Parlement. Mais cette **Conspiration des poudres** échoua. En 1625, Charles Ier monta sur le trône. En 1642, la **guerre civile** éclata entre les partisans du roi et les forces parlementaires dirigées par le **puritain** nommé Oliver Cromwell. Charles Ier fut décapité en 1649 et la Grande-Bretagne devint une république connue sous le nom de Commonwealth. La monarchie fut rétablie en 1660.

La peste et le feu

Londres connut deux désastres sous la dynastie des Stuart. En 1665, la grande peste fit environ 70 000 victimes. En 1666, le grand Incendie détruisit presque toute la City et une grande partie de l'ouest de la ville. Des milliers de maisons furent reconstruites et Christopher Wren éleva la nouvelle cathédrale Saint-Paul (voir page 15).

◄ Le grand Incendie de Londres se déclencha dans une boulangerie le 2 septembre 1666 et fit rage pendant plus de trois jours. Il laissa plus de 100 000 personnes sans abri.

L'ère géorgienne débuta en 1714 avec l'arrivée sur le trône de Georges Iᵉʳ. Londres s'étendit rapidement et, en 1801, sa population s'élevait à environ 1 million d'habitants. Les riches commerçants s'installèrent dans la nouvelle partie ouest de la ville, le *West End*. Certains Londoniens vivaient au contraire dans une grande pauvreté. Des milliers d'entre eux logeaient dans les taudis insalubres des quartiers est (*East End*).

▲ *Hanover Square* (la place de Hanovre), construite au début du XVIIIᵉ siècle, est représentative des nombreuses places, vastes et élégantes de cette période.

Londres à l'époque victorienne

La reine Victoria accéda au trône en 1837. Au cours de son règne, la Grande-Bretagne devint une puissance industrielle importante, l'**Empire britannique** s'élargit et la capitale connut un très fort essor immobilier. Le chemin de fer fit son apparition, la banlieue s'étendit. À la mort de la Reine Victoria en 1901, Londres comptait plus de six millions d'habitants.

La Première Guerre mondiale

La **Première Guerre mondiale** débuta en 1914. Le premier raid aérien frappa Londres en 1915. 835 personnes furent tuées au cours d'attaques aériennes. En l'absence des hommes, les femmes occupèrent leurs emplois. Avant la guerre, les **suffragettes** s'étaient battues pour avoir le droit de voter. En 1918, à la fin de la guerre, le droit de vote est accordé aux femmes âgées de plus de trente ans.

En 1851, l'Exposition ➤ Universelle de Londres se tint dans un grand bâtiment de verre baptisé *Crystal Palace* (Palais de Cristal).

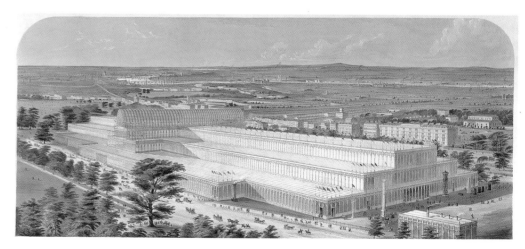

La Seconde Guerre mondiale

En 1939, la **Seconde Guerre mondiale** éclata et 690 000 enfants furent évacués hors de Londres. Malheureusement, nombre d'entre eux étaient revenus lorsque les bombardements allemands, le **Blitz,** commencèrent en 1940. Ils se poursuivirent jusqu'en mai 1941. En 1944, des bombes volantes et des missiles commencèrent à s'abattre sur la ville. À la fin de la guerre, 30 000 personnes avaient été tuées à Londres et de nombreux bâtiments étaient en ruine.

▲ Pendant le Blitz, les Londoniens tentèrent de vivre aussi normalement que possible. Ici, un facteur distribue le courrier.

Une nouvelle époque

Londres se releva lentement de la guerre. En 1951, le festival de Grande-Bretagne fut organisé sur la rive sud de la Tamise. Deux ans plus tard, la reine Elisabeth II fut couronnée dans l'abbaye de Westminster. Dans les années 1960, la capitale s'anima et devint une ville à la mode (*Swinging London*) : les jeunes gens faisaient les boutiques dans Carnaby Street et dansaient au rythme de nouveaux groupes, tels les Beatles.

La fin du millénaire

La fermeture des docks et le déclin des industries traditionnelles augmentèrent le chômage à Londres dans les années 1960 et 1970 (voir pages 24-25). Dans les années 1980, la banque, les assurances et le tourisme connurent un essor fulgurant et la réhabilitation des docks, les Docklands, s'amorça (voir page 19). Dans les années 1990, une violente manifestation contre la **Poll Tax** et des attentats à la bombe de l'**IRA** ébranlèrent la ville.

▲ Une manifestation, en 1990, contre la Poll Tax qui fut remplacée en 1993 par un autre d'impôt.

Londres est une ville en pleine expansion qui compte plus de sept millions d'habitants. La ville a su conserver son caractère multiculturel depuis l'époque romaine. Aujourd'hui, environ un quart des habitants de la capitale appartient à des **minorités ethniques**.

La communauté irlandaise

Le groupe non anglais le plus important à Londres est la communauté irlandaise. Les premiers Irlandais arrivèrent à Londres en 1845 après une grande famine. Beaucoup continuent à émigrer vers Londres. Le nombre de Londoniens nés en Irlande s'élève à plus de 250 000 et il y a aussi de nombreuses personnes nées à Londres de parents irlandais.

La communauté indienne

Les Indiens forment la minorité ethnique la plus importante avec une population d'environ 411 000 personnes. Nombre d'entre eux arrivèrent à Londres en 1947 après l'indépendance de l'Inde. Des milliers d'autres vinrent d'Ouganda et du Kenya dans les années 1960 lorsque ces pays les expulsèrent. La plupart d'entre eux s'installèrent dans la banlieue.

▲ Une rue de Southall, dans le quartier ouest de Londres. Les immigrés du Penjab y ont ouvert des magasins d'alimentation et de vêtements. Leurs enfants nés à Londres combinent souvent les modes de vie indien et anglais.

▲ Dans Brick Lane et ses alentours, les plaques de rue sont rédigées en anglais et en bengali, la langue du Bangladesh.

Les Pakistanais et les Bengalis

Des milliers de Pakistanais et de Bengalis vivent à Londres, pour la plupart dans les quartiers est. Dans le centre, le quartier de Tower Hamlets abrite environ la moitié des Bengalis de la ville. Le cœur de la communauté est Brick Lane, une rue bordée de restaurants bon marché qui attirent aussi bien les Londoniens que les touristes.

Les Caraïbes et les Africains

Les Noirs des Caraïbes forment la deuxième minorité ethnique de Londres. Ils sont originaires d'îles, comme la Jamaïque, ou bien du Guyana. Les premiers arrivèrent en grand nombre après la Seconde Guerre mondiale. La plupart vivent dans des quartiers du centre comme Lambeth. Les Noirs africains, venant de pays, tel le Nigeria, représentent la troisième minorité ethnique.

Racisme et émeutes

Les minorités londoniennes ont souvent souffert du racisme. En 1958, il y eut des émeutes contre les immigrés originaires des Caraïbes, à Notting Hill. Dans les années 1970, des skinheads attaquèrent des Bengalis, dans Brick Lane. De nombreux Noirs manifestèrent contre la discrimination à Brixton et à Tottenham, dans les années 1980. L'intégration progresse à Londres, mais des problèmes persistent (voir page 26).

Un marché dans la rue à Brixton, au sud ▼ de Londres, où vit une majorité d'immigrés originaires des Caraïbes et d'Afrique.

LES RÉFUGIÉS RELIGIEUX

Le East End fut un refuge pour deux groupes fuyant les persécutions religieuses : les **huguenots** et les juifs. Les huguenots arrivèrent de France au XVIIᵉ siècle après que leur religion protestante fut interdite. À la fin du XIXᵉ siècle, des juifs fuirent les **pogroms** en Russie et en Europe centrale et vinrent s'installer à Londres. De nombreux juifs vivent dans les quartiers nord de Londres (ci-dessous).

Une population jeune

La population de Londres augmente depuis le milieu des années 1980. Les **demandeurs d'asile** étrangers ont contribué à cette augmentation. D'autres nouveaux habitants sont de jeunes célibataires venus à Londres pour travailler ou étudier dans les universités. Les retraités et les couples avec enfants quittent souvent la capitale, ce qui explique que la population londonienne est plus jeune.

L'ARCHITECTURE

Londres a perdu de nombreux bâtiments lors du grand Incendie et du Blitz (voir pages 9 et 11). Mais la ville recèle encore de magnifiques exemples de l'architecture du passé ainsi que d'étonnants nouveaux bâtiments.

Les ponts londoniens

Trente-quatre ponts enjambent la Tamise dans la ville. Le plus ancien est London Bridge (Pont de Londres) qui, à l'origine, était en bois. En 1209, il fut remplacé par un pont de pierre bordé de boutiques et de maisons. Il y eut ensuite un pont en granit en 1831 et le pont actuel, en béton, date de 1973.

▲ Tower Bridge (Pont de la Tour) fut achevé en 1894. Les machines installées dans les deux tours relèvent le tablier pour laisser passer les bateaux.

La Tour de Londres

Cette forteresse compte vingt tours. En son centre, le donjon, White Tower (Tour Blanche) qui fut érigé par Guillaume le Conquérant, est le plus ancien. La Tour de Londres abrite les joyaux de la Couronne et deux des femmes d'Henri VIII y furent décapitées.

Le palais de Westminster

Le palais de Westminster fut construit par Edouard le Confesseur et reconstruit par Guillaume le Conquérant. Le fils de Guillaume y ajouta le Westminster Hall. Le palais fut détruit par le feu en 1834, mais il fut ensuite reconstruit et est aujourd'hui connu sous le nom de Houses of Parliament. À l'intérieur se trouve Westminster Hall qui fut épargné.

La cathédrale Saint-Paul

La cathédrale Saint-Paul fut construite entre 1675 et 1711 par Christopher Wren (voir page 40). Elle remplaça l'ancienne cathédrale, détruite lors du grand Incendie. L'église de Wren possède un dôme caractéristique. À la base du dôme se situe la galerie des Murmures où l'on peut entendre d'un côté de la galerie des mots chuchotés à l'opposé.

Londres abrite de très nombreux monuments. La colonne de Nelson, à Trafalgar Square, représente l'amiral Nelson qui vainquit les Français lors de la bataille de Trafalgar, en 1805. La statue d'Éros (à droite), à Piccadilly Circus, est un hommage au comte de Shaftesbury, qui, au XIXe siècle, améliora les conditions de travail des pauvres. L'Albert Memorial est un hommage à l'époux de la reine Victoria, le prince Albert.

 La façade Est du palais de Buckingham. Lorsque la reine est dans le palais, un drapeau flotte au-dessus du bâtiment.

Le palais de Buckingham

Le palais de Buckingham est la résidence londonienne de la famille royale. Il fut achevé en 1705 par le duc de Buckingham, puis il fut vendu au roi George III. La reine Victoria en fit sa résidence principale en 1837. Dix-huit des six cents pièces du palais sont ouvertes au public pendant l'été.

La tour du Canary Wharf

Le bâtiment le plus haut du Royaume-Uni se trouve sur le Canary Wharf, dans les Docklands (voir page 11). Connu sous le nom de tour du Canary Wharf, il mesure 244 mètres de haut et est couvert d'acier rutilant. La présence de la tour est signalée par des flashs de lumière blanche.

La tour du Canary Wharf fut inaugurée en 1991. Elle abrite de nombreux bureaux et plusieurs des grands groupes de presse y sont installés.

LES ESPACES VERTS

 Les espaces verts, des simples étendues d'herbe aux parcs les plus raffinés, couvrent environ un dixième de la superficie de la ville de Londres. La plupart d'entre eux se situent à la périphérie de la ville, mais même des quartiers très peuplés, tels que le West End et la City, comptent de nombreux parcs et jardins très agréables.

Les parcs du centre de Londres

Hyde Park s'étend sur 140 hectares. Il se trouve à côté des jardins de Kensington qui en couvre 111. Ces deux parcs forment l'espace vert le plus important du centre de la ville. C'est dans Hyde Park que se trouve l'étang de la Serpentine, ainsi que Speaker's Corner (le Coin des orateurs) où chacun peut venir s'exprimer librement. Regent's Park, au nord, abrite des maisons dessinées par John Nash (voir page 18), le zoo de Londres et un théâtre de plein air.

▲ Hyde Park est un endroit paisible choisi pour des événements en plein air, tels que des concerts.

▲ De nombreux cerfs descendants des anciennes hordes du parc de Richmond y vivent encore aujourd'hui.

Richmond et Hampton Court

Deux anciens palais royaux de l'ouest de Londres, Richmond et Hampton Court, sont entourés de parcs somptueux. Celui de Richmond s'étend sur 800 hectares, ce qui en fait l'un des plus grands d'Europe. Ce fut un terrain de chasse des souverains britanniques, tel Henri VIII, et des cerfs y trouvent encore refuge. Les jardins de Hampton Court s'étendent sur environ 270 hectares et on peut y admirer des parterres de fleurs, de larges avenues bordées d'arbres et un labyrinthe.

Les jardins botaniques royaux

Les jardins botaniques royaux, à Kew, recèlent la collection botanique la plus riche du monde, commencée au XVIIIe siècle par les botanistes Joseph Banks et William Hooker. On peut y observer 30 000 espèces de plantes vivantes. Les bâtiments abritent la serre des palmiers, le conservatoire de la princesse de Galles et une tour appelée « pagode ».

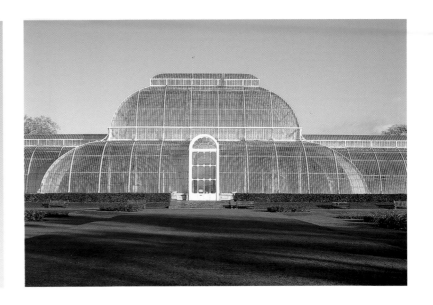

Hampstead Heath

Hampstead Heath, au nord de Londres, est le plus grand espace vert naturel de la capitale. Dans ce parc se trouve Parliament Hill, où les Londoniens jouent au cerf-volant, Boudicca's Mound, le **tumulus** funéraire légendaire de la reine Boadicée (voir page 8), ainsi que Kenwood House, datant du XVIIIe siècle, qui contient de nombreux tableaux.

▲ La serre des palmiers, à Kew, fut achevée en 1848 et abritait des palmiers. Aujourd'hui, elle contient toutes sortes de plantes tropicales.

▲ La pagode, dans Battersea Park, fut offerte à la ville de Londres par un ordre religieux bouddhiste.

Les parcs publics

Jusqu'au milieu du XIXe siècle, tous les principaux parcs londoniens se trouvaient sur des terrains appartenant à la Couronne et situés dans la partie riche de la ville. Le gouvernement décida alors que de nouveaux parcs publics devaient être créés dans les quartiers défavorisés. Le premier fut Victoria Park, dans le quartier de Hackney, ouvert en 1845. Il fut suivi de nombreux autres dont Battersea Park, en 1858, qui abrite un zoo.

LA VIE DU FLEUVE

La Tamise traverse Londres sur 50 km environ. Au milieu du XXe siècle, le fleuve était si pollué que sa portion londonienne ne contenait plus aucun poisson. Depuis, une campagne de nettoyage a permis le retour de 115 espèces de poissons, ainsi que des oiseaux, tels les hérons. En 1996, on inaugura le Sentier de la Tamise qui permet aux Londoniens de se promener sur les berges de la Tamise depuis la Thames Barrier, à l'est, jusqu'à Hampton Court, à l'ouest.

L'HABITAT

Avant le grand Incendie, la plupart des Londoniens vivaient dans des maisons en bois dans la City (voir page 19). Après l'incendie, Londres s'étendit et les maisons se diversifièrent. Les Londoniens vivent aujourd'hui dans des maisons et des appartements aux styles variés.

L'expansion à l'époque géorgienne

Londres connut une forte extension à l'époque **géorgienne** et le nombre des logements insalubres augmenta. Dans le même temps, on construisit des maisons spacieuses dans le West End, souvent bâties en alignement ou en carré. Un grand nombre de ces belles maisons existent encore. Aujourd'hui comme hier, seuls les gens aisés peuvent y vivre.

▲ L'architecte géorgien John Nash construisit d'élégantes bâtisses, comme Cumberland Terrace (ci-dessus) au bord de Regent's Park.

Les maisons victoriennes

À l'époque victorienne, le chemin de fer permit aux gens de travailler au centre de Londres tout en vivant dans sa banlieue. On construisit donc, à des prix abordables, des alignements de maisons mitoyennes en brique rouge. Les Londoniens y vivent toujours, mais la plupart ont été divisées en appartements.

▲ George Peabody est un ancien banquier américain qui construisit des logements pour les Londoniens pauvres au XIXᵉ siècle. Voici l'une de ses réalisations.

L'amélioration de l'habitat

Les Victoriens améliorèrent aussi les conditions de logement pour les plus démunis. Dans un premier temps, ce furent les œuvres de charité et des personnes privées qui construisirent des logements. Puis, en 1890, une loi fut adoptée pour la construction de logements sociaux destinés aux ouvriers.

LES DEMEURES HISTORIQUES

Après le grand Incendie de Londres en 1666, il fut interdit de construire des maisons en bois. On le remplaça par la brique. Quelques maisons à colombages résistèrent au grand Incendie, telle Staple Inn, à Holborn (ci-dessus). On en trouve une autre au 17 Fleet Street. Elle abrite la chambre du prince Henry, avec des lambris de chêne et des vitraux. On y conserve aussi quelques objets ayant appartenu à Samuel Pepys, un Londonien qui écrivit un journal intime relatant de nombreux événements importants des années 1660, tel le grand Incendie.

L'extension de la banlieue

Dans les années 1920 et 1930, le réseau de transport urbain se développa. Plus d'un million de Londoniens s'installèrent dans des zones nouvellement desservies par le métro, et ces quartiers furent appelés Metroland. De nombreuses maisons mitoyennes y furent construites. Un vaste programme de logements sociaux fut également entrepris en dehors du centre de Londres pendant cette période.

Le logement après la guerre

Au cours de la Seconde Guerre mondiale, 130 000 logements londoniens furent détruits. La crise du logement fut résolue en relogeant les gens dans des **villes nouvelles** (*New Towns*) et dans des logements sociaux qui étaient souvent des tours de béton de mauvaise qualité. Après l'effondrement d'une tour appelée Ronan Point en 1968, on construisit des immeubles peu élevés et on démolit les immeubles les plus hauts.

Des milliers de ➤ personnes travaillent dans la City, mais très peu y habitent. La zone d'aménagement de Barbican fut créée en 1982 pour attirer plus de monde dans ce quartier.

Le logement aujourd'hui

Londres compte aujourd'hui plus de trois millions de logements. Leurs occupants en sont pour la plupart propriétaires depuis l'accès à la propriété des logements sociaux par leurs locataires, en 1980. Les promoteurs construisent davantage de logements privés, en particulier dans les quartiers à la mode, tels les Docklands. Des associations veillent à ce que les pauvres bénéficient de logements. Néanmoins, des milliers occupent des logements précaires et des centaines dorment dans la rue.

L'ÉDUCATION

Jusqu'à la fin du XIXe siècle, les écoles londoniennes étaient dirigées par des Églises et des œuvres de charité. De nombreux enfants ne recevaient aucune éducation.

En 1880, une nouvelle loi rendit l'école obligatoire pour tous les enfants jusqu'à 11 ans. Aujourd'hui, les jeunes Britanniques doivent aller à l'école entre 5 et 16 ans.

▲ Des centaines d'écoles primaires en brique rouge furent construites à Londres après 1880. Beaucoup nécessiteraient rapidement une rénovation.

Aller à l'école plus tôt

Bien qu'officiellement l'école débute à cinq ans, l'État encourage les parents à envoyer leurs très jeunes enfants dans des crèches. Plus de la moitié des petits Londoniens âgés de trois à quatre ans vont à l'école quelques jours par semaine ou même des demi-journées seulement. L'enseignement primaire se fait en maternelle (*infant's school*) pour les enfants de cinq à sept ans, puis à l'école primaire (*junior school*) pour les enfants de sept à onze ans.

L'enseignement secondaire

Dans le secondaire, les élèves doivent fréquenter l'école jusqu'à seize ans, mais ils peuvent continuer jusqu'à dix-huit ans. Jusqu'aux années 1950, ils allaient dans des écoles modernes (*secondary moderns*) ou dans des écoles plus classiques (*grammar schools*). On instaura ensuite des écoles polyvalentes (*comprehensive schools*).

Les écoles privées

Certains élèves du second degré fréquentent des écoles privées payantes. À Londres, quatre d'entre elles sont réputées. Westminster School existe depuis le XIIe siècle. St. Paul's School, construite à côté de la cathédrale en 1509, se trouve maintenant à Barnes, au sud-ouest. Harrow, au nord-ouest, ouvrit en 1572. Dulwich College, au sud, date de 1619.

 La grande structure de Senate House qui s'élève au centre de Londres abrite la principale bibliothèque et les bâtiments administratifs de l'Université de Londres.

Les universités londoniennes

Il y a treize universités à Londres. La première université de la ville, University College, fut construite en 1826 pour les non-anglicans qui n'avaient pas le droit de fréquenter les universités d'Oxford et Cambridge. Elle s'associa avec King's College pour former l'Université de Londres.

La formation professionnelle

En sortant de l'école, certains élèves préfèrent apprendre un métier. En suivant un programme d'apprentissage, ils peuvent bénéficier d'un emploi financé par l'État et acquérir une formation professionnelle.

LA SOCIÉTÉ ROYALE

Bien que Londres n'eût pas d'université avant le XIXᵉ siècle, la ville comptait des écoles spécialisées dans l'art et la médecine ainsi que de nombreuses sociétés d'érudits. La plus célèbre d'entre elles est la *Royal Society* (Société Royale) qui fut fondée à Oxford et s'installa à Londres en 1659. Son objectif était de débattre et de publier des idées scientifiques. Elle existe toujours et est installée dans Carlton House Terrace (ci-dessous) près de Buckingham Palace. Christopher Wren (voir page 40) en fut le président de 1680 à 1681.

◀ Les étudiants de la très sélective et onéreuse Harrow School ont compté parmi eux d'anciens Premiers ministres, tels Robert Peel créateur de la police municipale et Winston Churchill.

De nombreux Londoniens se disent encore chrétiens mais, aujourd'hui, des adeptes d'autres religions, comme l'islam, vivent aussi dans la capitale.

L'Église d'Angleterre

Le Roi Henri VIII fonda l'Église d'Angleterre en 1534. Elle est toujours l'Église officielle et compte de nombreux adeptes à Londres. La ville possède trois grandes églises anglicanes : la cathédrale Saint-Paul (voir page 15), la cathédrale de Southwark et l'abbaye de Westminster où sont couronnés les rois et reines britanniques. Le coin des poètes *(Poets' Corner)*, dans l'abbaye, abrite les tombes de nombreux écrivains célèbres, tel Charles Dickens (voir page 40).

L'Église catholique

La séparation de Henri VIII et de l'Église catholique (voir page 9) est à l'origine de siècles d'anti-catholicisme. Puis au XIXᵉ siècle, de nombreux catholiques irlandais arrivèrent à Londres et le poste d'archevêque de Westminster fut créé. En 1903 s'ouvrit une nouvelle église catholique, la cathédrale de Westminster.

▲ Edouard le Confesseur (voir page 8) construisit l'abbaye de Westminster qui fut un monastère jusqu'au règne de Henri VIII. Ses tours furent ajoutées au XVIIIᵉ siècle.

La cathédrale de Westminster ➤ est un bâtiment à l'architecture complexe et aux rayures inhabituelles. Elle contient plusieurs chapelles colorées. Un ascenseur amène les visiteurs au sommet de la tour principale.

L'islam

La majorité des membres de l'importante communauté islamique de la capitale sont d'origine pakistanaise ou bengali (voir page 12). Les autres membres - arabes et turcs - forment des groupes minoritaires. Les lieux de culte islamique de la ville, les mosquées, vont des petits bâtiments de quartier à l'impressionnante Mosquée du centre, dans Regent's Park.

▲ Ce bâtiment de Brick Lane (voir page 12) était à l'origine une église huguenote. Puis, il fut transformé en synagogue et est devenu aujourd'hui une mosquée.

LES ŒUVRES DE CHARITÉ

Les chrétiens de Londres ont créé de nombreuses organisations pour venir en aide à ceux qui en ont besoin. William Booth fonda l'Armée du Salut en 1865 pour convertir les gens au christianisme et leur apporter une aide pratique. Cette organisation possède encore des maisons d'accueil pour les sans-abri. En 1953, le révérend Chad Varah fonda les Samaritains dans l'église St. Stephen Walbrook. Toute personne ayant des problèmes peut joindre un membre de cette organisation jour et nuit.

Le judaïsme

La communauté juive de Londres s'est agrandie au XIXe siècle avec l'arrivée de réfugiés russes (voir page 13), puis au XXe siècle avec les juifs fuyant l'Allemagne **nazie**. La plupart des 196 000 juifs de la capitale vivent dans des quartiers du nord, tel Golders Green, et fréquentent les synagogues. Mais la plus ancienne des synagogues, Bevis Marks (1701), se trouve dans la City.

▼ La délicate beauté asiatique du temple Swaminarayan contraste fortement avec les rues londoniennes qui l'entourent.

L'hindouisme

La plupart des Indiens qui vivent à Londres sont hindous. En 1995, ils construisirent au nord-ouest de la ville, à Neasden, un magnifique lieu de culte : le temple Swaminarayan. Toutes les parties de ce bâtiment ont été sculptées dans le marbre et le calcaire en Inde, puis assemblées à Londres.

L'ÉCONOMIE

De l'époque romaine à nos jours, Londres a eu un grand port, mais celui-ci a lentement perdu de son importance. Les industries traditionnelles, tel le textile, ont également périclité. Mais de nouvelles industries, comme le tourisme, se développent et la City demeure un centre financier international.

▲ Des cargaisons de sucre, d'épices et de café arrivaient dans le port de Londres. Ces hommes déchargent du thé en provenance des Indes.

Le port de Londres

Au Moyen Âge, Londres fut, grâce à son port, un centre très important d'exportation de bois et d'importation de vin. Au XIXe siècle, des milliers de navires apportaient à Londres des marchandises provenant de tout l'Empire britannique. Le port se développa jusqu'à la disparition de cet empire, dans les années 1960. Les quais furent alors abandonnés et les navires accostèrent dans d'autres ports. Entre 1967 et 1981, tous les quais fermèrent et 25 000 personnes perdirent leur emploi.

LES GUILDES

Au Moyen Âge, certaines professions - les orfèvres par exemple - formèrent des associations appelées guildes. Chaque guilde défendait les intérêts professionnels de ses membres et disposait d'une salle de réunion. La salle de la photo de droite appartient encore aux merciers, qui étaient des marchands de tissu. Les guildes sont aujourd'hui appelées *livery companies* et sont le plus souvent des organisations sociales plutôt que professionnelles.

Le déclin industriel

Au début du XXᵉ siècle, l'industrie suivit le développement de la ville. Des emplois furent créés dans les usines d'automobiles et d'appareils électriques. Après la Seconde Guerre mondiale, les importations avantageuses provoquèrent la fermeture de nombreuses entreprises. D'autres se délocalisèrent à la recherche de loyers et de main d'œuvre meilleur marché.

▲ Le tourisme entraîne la création d'emplois dans les hôtels, les restaurants et les musées ainsi que des emplois de guides dans des autobus.

Les nouvelles industries

Les industries traditionnelles de Londres sont encore moribondes. Entre 1986 et 1996, le nombre d'emplois dans les usines de la capitale a diminué d'un tiers. Mais certains secteurs se développent rapidement. Le tourisme et les nouvelles technologies de la communication induisent de nombreux emplois. Mais le taux de chômage à Londres reste supérieur à la moyenne national.

La presse

Fleet Street fut le centre de la presse à partir de 1702. Le plus vieux journal anglais, *The Times*, y fut imprimé en 1788. Dans les années 1980, l'informatique commença à menacer les emplois des imprimeurs de Fleet Street qui refusaient le changement. La plupart des journaux s'installèrent dans de nouveaux bureaux des Docklands et adoptèrent des méthodes modernes de travail.

Gagner de l'argent

La City est un centre financier depuis le XVIᵉ siècle. Parmi ses principaux bâtiments figurent la Banque d'Angleterre *(Bank of England)*, qui est une banque d'État, et la Bourse *(Stock Exchange)* où les gens achètent et vendent des actions. S'y trouve aussi Lloyd's of London, une importante compagnie d'assurance. La finance et les affaires occupent près d'un tiers des emplois de la capitale.

◄ La compagnie d'assurance Lloyd's of London fut créée au XVIIᵉ siècle. Elle s'est installée dans ce bâtiment étonnant en 1986.

L'ORDRE PUBLIC

 Au cours des siècles, toutes sortes de crimes ont été commis à Londres. Les châtiments ont changé. À l'époque des Tudor, les traîtres étaient décapités et leur tête exposée sur des piques sur le London Bridge. À l'époque géorgienne, de nombreux criminels furent pendus devant la foule. Aujourd'hui, les criminels sont emprisonnés.

La police de Londres

La principale force de police londonienne, la Metropolitan Police, fut fondée par Robert Peel en 1829. La police de la City, responsable du maintien de l'ordre dans la City, ne fut créée que dix ans plus tard. Ces deux forces de police sont distinctes malgré leur uniforme identique. Le quartier général de la Metropolitan Police est à New Scotland Yard. La protection de la reine figure parmi les tâches de ses membres.

Le crime dans la capitale

Les crimes les plus fréquents à Londres sont le vol, le recel et les cambriolages qui furent en 1996 dix fois plus nombreux que les actes de violence. Les crimes racistes furent mis au premier plan en 1993, avec l'assassinat d'un adolescent noir, Stephen Lawrence. Une enquête révéla que la police métropolitaine avait eu une attitude raciste au cours de son enquête. Elle tente aujourd'hui de s'améliorer en recrutant par exemple plus de policiers noirs et asiatiques.

◄ Les policiers londoniens sont équipés d'une radio qui leur permet de rester en contact avec leur poste de police.

Les services de sécurité

Deux services de sécurité - le MI5 et le MI6 - sont basés à Londres. Le rôle essentiel du MI5 était autrefois d'empêcher les espions étrangers d'obtenir des renseignements secrets en Grande-Bretagne. Mais en 1992, pendant une campagne d'attentats de l'IRA à Londres, le MI5 fut chargé de mener des actions anti-terroristes. Les membres du MI6 travaillent souvent à l'étranger, mais leur quartier général est situé sur la rive Sud de la Tamise.

◄ Cette gravure de 1616 montre des têtes de criminels fichées sur des piques et exposées sur le Pont de Londres (en bas à droite). Les têtes étaient bouillies, puis enduites de goudron.

JACK L'ÉVENTREUR

Jack l'Éventreur est le surnom de l'un des plus infâmes criminels londoniens. Il assassina six femmes dans le quartier de Whitechapel, dans le East End, en 1888 (ci-dessous). Puis, les meurtres cessèrent mystérieusement. L'assassin ne fut jamais arrêté ni identifié, bien qu'il y eut de nombreux suspects parmi lesquels un membre de la famille royale, un peintre célèbre, un chirurgien et un avocat, Montague Druitt. Ce dernier était le coupable le plus probable.

Cette statue de la ► Justice surplombe le Old Bailey. La balance symbolise l'évaluation attentive des preuves lors des procès.

Les tribunaux

Les quatre instituts d'études judiciaires de Londres, **Inns of Court,** ainsi que les tribunaux royaux *(Royal Courts of Justice)* sont regroupés à l'ouest de la City. La plupart des affaires criminelles sont jugées dans la City elle-même, au tribunal central *(Central Criminal Court)* surnommé le Old Bailey. Ce tribunal est construit à l'emplacement de l'ancienne prison de Newgate.

SE DÉPLACER DANS LONDRES

Jusqu'au XIXe siècle, les Londoniens se déplaçaient à pied, en bateau ou dans des voitures à chevaux. Puis, on construisit de nouveaux ponts et de nouvelles routes, le chemin de fer et l'automobile firent leur apparition et le réseau de transport de la capitale se développa.

Les chemins de fer

Le chemin de fer fit son apparition à Londres à l'époque victorienne. La première gare importante, Euston, ouvrit en 1837. D'autres suivirent rapidement, dont, en 1838, celle de Paddington qui fut plus tard redessinée par l'ingénieur Isambard Kingdom Brunel. Londres compte aujourd'hui sept gares principales qui assurent des services locaux et à grande distance. La liaison avec le continent par le **tunnel sous la Manche** est assurée par les trains Eurostar à partir de la gare de Waterloo.

▲ La gare de Liverpool Street, dans la City, est la gare la plus fréquentée de Londres. Sa hauteur a permis l'installation de commerces.

La station de Baker Street était sur la première ▼ ligne de métro. Deux de ses quais ont été restaurés retrouvant ainsi leur aspect original.

Le métro

Le réseau du métro londonien (*Underground*) - le premier au monde - fut inauguré en 1863. Il compte aujourd'hui 12 lignes et plus de 400 km de voie. Environ 2,5 millions de passagers l'empruntent chaque jour, mais les voies et le système de signalisation sont anciens et les retards fréquents. Certaines améliorations sont apportées et la ligne Jubilee est prolongée pour traverser la ville d'ouest en est, permettant ainsi aux passagers d'accéder aisément aux Docklands.

Les autobus londoniens

Les autobus rouges à impériale de Londres sont célèbres. La ville compte plus de mille lignes de transport et nombre d'autobus sont de modèles et de couleurs différents. La plupart des autobus à impériale n'ont aujourd'hui qu'un seul agent et possèdent des portes au lieu d'une plate-forme ouverte. Certains sont équipés pour transporter des personnes en fauteuils roulants.

▲ Les vieux autobus *Routemaster*, tel celui-ci, ont un contrôleur qui se charge de la vente des tickets.

LE CANAL DU RÉGENT

Les canaux étaient en Grande-Bretagne un moyen de transport important pendant la **révolution industrielle**. Le canal du Régent fut inauguré en 1820. Il faisait partie d'un réseau permettant d'acheminer des marchandises en provenance du port de Londres vers le nord de l'Angleterre et d'en rapporter, entre autre, du charbon. Le canal mesure presque 14 km de long. Il est aujourd'hui emprunté par des bateaux de plaisance. Des habitations flottantes y sont amarrées, comme ici à Little Venice.

L'automobile

Conduire dans Londres est une expérience souvent désagréable. Les encombrements sont fréquents, en particulier sur l'autoroute M25 qui fut construit en 1986 pour améliorer la circulation. Les taxis noirs de la capitale parviennent généralement à se frayer un chemin dans les embouteillages. Leurs chauffeurs doivent passer un examen difficile avant d'être autorisés à transporter des passagers.

Les transports aériens

La région de Londres comporte sept aéroports. Les plus importants sont Heathrow et Gatwick qui sont tous deux assez éloignés du centre. Le trafic aérien est en augmentation et il est prévu de construire un cinquième terminal à Heathrow. Ce projet a de nombreux opposants en raison de la pollution atmosphérique et des nuisances sonores.

Le Docklands Light Railway

Le Docklands Light Railway est un système de train automatique, sans conducteur, qui dessert le quartier des docks, les Docklands. Il a été inauguré en 1987 et a été connecté à la ligne centrale du métro en 1991.

LE SHOPPING

Au Moyen Âge, la plupart des Londoniens faisaient leur marché dans la City, en particulier dans le quartier animé de Cheapside. Le West End s'étant développé, le nombre d'étals et de magasins y a augmenté. Tous les quartiers de la capitale sont aujourd'hui équipés de magasins et les chalands viennent de loin y dépenser leur argent.

Oxford Street

Oxford Street est l'une des rues les plus commerçantes de Londres. Les petits magasins de souvenirs pour touristes y côtoient les grands magasins chic. Le plus célèbre d'entre eux est Selfridge's, qui fut ouvert en 1909 par un Américain, Gordon Selfridge. Oxford Street compte aussi deux magasins Marks and Spencer. À leur création, ces derniers étaient des bazars bon marché. Ils forment aujourd'hui une chaîne internationale de magasins d'alimentation et d'habillement.

Knightsbridge

Knightsbridge abrite Harrods le plus grand magasin, non seulement de la capitale, mais aussi de Grande-Bretagne. Il compte environ 330 rayons. Sa façade de brique surmontée d'un dôme est éclairée la nuit de manière spectaculaire. À proximité, se tient Harvey Nichols, un magasin où les jeunes gens aisés viennent acheter l'alimentation, la parfumerie et les vêtements à la dernière mode.

▲ La foule, la circulation et le mal aux pieds sont indissociables du shopping dans Oxford Street ; au moment de Noël, les trottoirs sont bondés.

Harrods était un petit magasin lorsqu'il ▶ a ouvert en 1849. Il couvre maintenant 1,6 hectares. La nuit, il est éclairé par plus de 11 500 ampoules.

LES ARTS ET LES ANTIQUITÉS

Les quartiers de St. James et de Mayfair sont le centre londonien du commerce de l'art et des antiquités. On y trouve les deux plus grandes salles des ventes de la capitale, Sotheby's (ci-dessous) et Christie's, ainsi que les meilleures galeries d'art. Les galeries de Bond Street sont généralement spécialisées dans les toiles anciennes tandis que les galeries de Cork Street exposent souvent les travaux de peintres d'avant-garde.

Les boutiques spécialisées

Nombre des magasins spécialisés de Londres se concentrent dans les quartiers riches de St. James et de Piccadilly. Dans Jermyn Street, il est possible d'acheter d'onéreux chapeaux de forme chez Bates ou des parfums chez Floris. À Piccadilly, on peut visiter le grand magasin d'alimentation Fortnum and Mason. Puis, on peut flâner dans les magasins de mode de Burlington Arcade.

Les marchés d'alimentation

Londres compte une grande variété de marchés d'alimentation. Le marché aux poissons s'est tenu dans la City pendant des siècles, mais il a déménagé sur les quais en 1982. Le marché à la viande de Smithfield demeure dans la City, mais les éleveurs ne viennent plus y vendre leur bétail. Le marché de Leadenhall, vieux de 600 ans, est maintenant un beau bâtiment victorien à la structure métallique qui propose des produits de luxe, tels le caviar et le fromage de Stilton.

Artisanat et vêtements

En 1974, le plus grand marché de fruits et de légumes de Londres quitta Covent Garden. Le vieux marché abrite maintenant des boutiques et des restaurants ainsi que de l'artisanat. Le marché de Camden Lock, sur le canal du Régent (voir page 29) se tient le week-end et est connu pour les bijoux et les vêtements à la mode.

▲ Covent Garden était à l'origine le jardin d'un couvent. C'est maintenant un endroit très animé, où les touristes se pressent en quête de bonnes affaires.

LA RESTAURATION

Les continentaux se sont longtemps moqués du manque d'imagination de la cuisine britannique, de sa viande et de ses légumes bouillis et de ses puddings cuits à la vapeur. Mais le pays a connu une véritable révolution gastronomique, à Londres en particulier. Les Londoniens mangent aussi bien un curry que des côtelettes et les restaurants offrent une grande variété de plats.

La cuisine britannique

On peut goûter la cuisine britannique dans de nombreux restaurants londoniens. Rules, qui ouvrit en 1798, est le plus vieux restaurant de la ville, il compta Charles Dickens parmi ses clients réguliers, et est apprécié pour son atmosphère formelle et ses viandes et tourtes traditionnelles. Certains restaurants servent de la cuisine britannique moderne qui se compose de plats classiques agrémentés d'une touche d'originalité.

▲ L'intérieur spacieux du restaurant Rules. Les murs sont décorés de tableaux et d'affiches de théâtres londoniens.

Les repas quotidiens

De nombreux Londoniens avaient l'habitude de manger des œufs et du bacon au petit déjeuner. Aujourd'hui, ils préfèrent souvent de la nourriture plus saine, comme des céréales et du pain grillé. Le déjeuner se réduit souvent à un sandwich ou une salade. La composition du dîner peut être très variable, une tourte accompagnée de frites ou bien un plat de pâtes ou de riz.

Thé et café

Les Londoniens sont connus pour leur amour du thé, chez eux, au travail ou dans les cafés. Les Londoniens boivent du café depuis le XVIIᵉ siècle où les cafés (*coffee houses*) étaient des lieux de débats politiques. Il y a aujourd'hui de très nombreux bars américains qui proposent des cafés originaux, comme des cappuccinos.

LES PUBS

Londres comptent de très nombreux pubs (*public houses*) qui proposent de la bière ou du vin et parfois des repas. Certains ont une histoire passionnante. Le Angel, dans les Docklands, a plus de quatre cents ans et vendait autrefois de la bière brassée par des moines. Le Ye Olde Cheshire Cheese, dans Fleet Street, fut fondé en 1667. Il est célèbre pour ses tourtes aux rognons et à la viande hachée.

Ce restaurant chinois ▼ offre en vitrine du canard laqué. Pour préparer ce plat, on enduit la viande d'un mélange de vinaigre et de miel que l'on laisse sécher avant la cuisson.

La nourriture indienne et chinoise

Le multiculturalisme de la population de la capitale a permis aux Londoniens de connaître et d'apprécier les cuisines étrangères, en particulier la cuisine indienne qu'ils peuvent déguster dans les restaurants de quartier (*curry houses*) ou dans des restaurants gastronomiques, comme le Veeraswamy's, le plus vieux de la ville. Les Londoniens apprécient aussi la cuisine chinoise. Les rues de Chinatown, dans le quartier de Soho, sont bordées de restaurants offrant des spécialités, tel que le canard laqué.

▲ Un restaurant indien côtoie un restaurant italien. Londres offre un choix gastronomique très vaste.

Les plats à emporter

Londres comptent des milliers d'établissements de restauration rapide (*fast-foods*), ainsi que de nombreuses pizzerias et restaurants indiens ou chinois qui proposent des plats à emporter et les livrent même souvent à domicile. Les *fish-and-chips shops*, qui vendent du poisson frit - souvent de la morue - et des frites assaisonnées de sel et de vinaigre, font partie des restaurants traditionnels de plats à emporter typiquement britanniques.

Londres est un grand centre de loisirs très divers et les rues de la ville sont aussi animées la nuit que le jour.

Le Globe Theatre

L'un des premiers théâtres de la ville fut le Globe Theatre, achevé en 1599. Il était situé sur la rive sud de la Tamise et Shakespeare y travailla (voir page 9). Il fut détruit par un incendie mais, en 1997, une copie du bâtiment original fut inaugurée près de l'ancien site. On y joue aujourd'hui des pièces de Shakespeare dans le style du XVIe siècle, sans micros ni éclairage électrique.

▲ Le nouveau Globe Theatre est un bâtiment circulaire, en bois et surmonté d'un toit de chaume, identique à l'original.

▲ Les enseignes au néon des meilleurs théâtres tels que le Lyric et l'Appollo illuminent Shaftesbury Avenue.

Le quartier des théâtres

En 1642, Oliver Cromwell et ses puritains (voir page 9) firent fermer les théâtres de Londres. Ils réouvrirent lors du retour de la monarchie et de nombreux nouveaux théâtres furent construits. Le West End en rassemble aujourd'hui au moins 40. La plus célèbre rue du quartier des théâtres, Shaftesbury Avenue, en compte six qui présentent de nombreuses pièces et comédies musicales.

Les théâtres modernes

Deux des plus importants théâtres de Londres ne sont pas dans le West End. Le National Theatre, devenu le Royal National a ouvert ses portes sur la rive sud en 1976. Il compte trois scènes sur lesquelles de talentueux comédiens jouent des pièces de qualité. Le Barbican Centre, situé dans la City, a été inauguré en 1982. Il abrite deux théâtres, occupés par la célèbre **Royal Shakespeare Company**.

LA BBC

La British Broadcasting Company (BBC) fut fondée en 1922. Elle regroupe deux des principales chaînes de télévision britanniques, BBC1 et BBC2, plusieurs chaînes numériques et un réseau radio formé de plusieurs stations nationales et d'un service international (*World Service*). L'administration travaille dans la Broadcasting House, au centre de Londres, et les producteurs de programmes sont installés dans le Television Centre, dans l'ouest de la ville.

Le cinéma

La plupart des meilleures salles de cinéma se trouvent à Leicester Square. Les premières de films y sont souvent présentées. Un nouveau cinéma Imax s'est ouvert sur la rive Sud. Des promoteurs envisagent de transformer la station électrique de Battersea en un multiplexe de 35 écrans.

En 1999, les stars ➤ du film *Shakespeare in love* assistent à la première de leur film au cinéma Empire, à Leicester Square.

Le sport

Le stade de Wembley accueillait des matches de football comme la finale de la Coupe d'Angleterre, en mai. Le stade est fermé depuis novembre 2000. Un nouveau stade, plus grand, est construit sur ce site. Le principal terrain de rugby est celui de Twickenham. Les grands matches de cricket se jouent au Lord's et au Oval.

La musique

Les mélomanes de toutes sortes peuvent trouver leur bonheur à Londres. La ville compte cinq grands orchestres et il y a souvent des concerts de musique classique au Royal Festival Hall, au Royal Albert Hall et au Barbican Centre. On assiste aux opéras au Coliseum et à Covent Garden, dans la Royal Opera House récemment modernisée. Earl's Court et le stade de Wembley sont parmi les plus grandes scènes de musique pop.

L'Angleterre et le ➤ Pakistan s'affrontent lors d'un match de cricket sur le terrain Oval, dans le sud de Londres. Ce terrain fut inauguré en 1845. C'était, auparavant, des jardins potagers.

Londres compte plus de 300 musées qui rassemblent la collection de trésors la plus variée du monde.

▲ Les visiteurs du British Museum s'intéressent toujours aux étonnantes momies égyptiennes.

Le British Museum

Le British Museum est célèbre pour ses merveilleuses collections d'objets grecs et égyptiens, entre autres, parmi lesquels la **pierre de Rosette**. Le musée ouvrit ses portes en 1759. Reconstruit au XIXe siècle et rénové en 2000, c'est l'attraction touristique la plus importante de la capitale recevant plus de visiteurs que le célèbre musée de cire de Madame Tussaud.

Les musées du South Kensington

Trois musées voisinent à South Kensington. Le Victoria and Albert Museum (voir page 42) comprend des collections de vêtements et de bijoux. Le Natural History Museum (musée d'Histoire naturelle) est consacré à la nature - l'exposition sur les dinosaures est très appréciée par les visiteurs. Le Science Museum (musée de la Science) présente toute sortes d'objets et de machines, depuis des machines à vapeur jusqu'à des capsules temporelles.

Le Musée de Londres

Le Museum of London (Musée de Londres) retrace l'histoire de la capitale, de la préhistoire à nos jours. Il expose le carrosse doré du maire qui participe à la procession du spectacle du maire qui a lieu tous les ans.

L'imposant bâtiment du musée d'Histoire ▲ naturelle fut dessiné par l'architecte Alfred Waterhouse. Il ouvrit en 1881.

Les musées de Greenwich

Greenwich abrite le National Maritime Museum (musée national de la Marine). Ses expositions présentent des objets relatifs à la mer, par exemple des bateaux et des maquettes des batailles de l'amiral Horatio Nelson. L'ancien observatoire, Old Royal Observatory, expose des instruments permettant d'observer les étoiles. Il est traversé par le méridien de longitude zéro, qui est utilisé pour déterminer les fuseaux horaires dans le monde.

◄ Le *Cutty Sark* apportait autrefois des cargaisons de thé en provenance de Chine. Il est aujourd'hui amarré à Greenwich et il est possible de le visiter.

La National Gallery

La National Gallery, qui se trouve à Trafalgar Square, abrite environ 2200 tableaux. Ses ailes principales présentent des tableaux de Michel-Ange, de Rembrandt, de Monet et d'autres grands artistes du monde entier. La nouvelle aile Sainsbury, inaugurée en 1991, abrite les œuvres les plus anciennes comme celles de Léonard de Vinci.

La Tate Gallery

La Tate Gallery est l'un des musées les plus riches et les plus fréquentés de Londres. Ce musée s'est spécialisé dans l'art britannique. En 2000, la collection a été divisée. Les œuvres du XVIe au XIXe siècle restent dans les anciens bâtiments et la section se nomme Tate Britain. Tate Modern s'est installée dans l'ancienne centrale électrique de Bankside, sur la rive Sud de la Tamise.

LE DR JOHNSON

Le Dr Samuel Johnson, un écrivain du XVIIIe siècle, rédigea à Londres le premier grand dictionnaire de la langue anglaise. Il aimait beaucoup la ville et fit un jour cette déclaration célèbre : « Il n'est pas un homme doué d'intelligence qui désire quitter Londres... quand un homme est lassé de Londres, il est lassé de la vie, car Londres offre tout ce que la vie peut offrir. » Sa maison, près de Fleet Street, est aujourd'hui un musée qui lui est consacré.

La Tate Gallery possède une collection ▲ de peintures (ci-dessus, la *Pitié*) du peintre et poète londonien William Blake.

LES GRANDES MANIFESTATIONS

Le calendrier des Londoniens est jalonné de grandes manifestations liées à la famille royale, à des rencontres sportives et à des fêtes et des festivals de toutes sortes.

En hiver

Au début de l'année, Londres est la scène de deux événements très différents. Le dernier dimanche de janvier, quelques personnes commémorent l'exécution du roi Charles Ier en 1649. Elles portent des vêtements du XVIIe siècle et déposent une gerbe à l'endroit où le souverain a été exécuté. En février ont lieu les célébrations du Nouvel An chinois. À Chinatown, des milliers de personnes festoient et assistent à des feux d'artifice et aux danses du dragon.

Au printemps

La course annuelle entre les universités d'Oxford et Cambridge se déroule sur la Tamise au mois de mars. Les deux équipes parcourent un peu plus de 6 km. Le marathon de Londres se court en avril, entre Greenwich et Westminster Bridge. En mai, a lieu l'impressionnante exposition florale de Chelsea (*Chelsea Flower Show*) dans le Christopher Wren's Royal Hospital.

▲ La Semaine de la Mode de Londres se tient deux fois par an, au printemps et en automne. Des stylistes du monde entier sont présents.

▲ Beaucoup d'enfants se déguisent et participent au carnaval de Notting Hill. Les costumes et les chars demandent parfois des mois de travail.

En été

L'exposition d'été de la Royal Academy se déroule de juin à août. N'importe qui peut proposer ses peintures, mais toutes ne sont pas exposées. En juin et juillet, les meilleurs joueurs de tennis du monde s'affrontent dans le tournoi de Wimbledon. En août, la communauté caraïbe organise le festival de Notting Hill. Pendant trois jours, les participants costumés et les chars défilent dans les rues, au son du reggae et d'autres musiques.

LES CÉRÉMONIES ROYALES

Les cérémonies royales s'échelonnent tout au long de l'année. L'anniversaire de la reine est marqué par la cérémonie du Salut aux couleurs *(Trooping of the colour)* qui se déroule à Whitehall, sur l'esplanade des Horse Guards et au cours de laquelle défile la **Household Cavalry**. La cérémonie inaugurale du Parlement a lieu en octobre ou novembre. La reine se rend en carrosse de Buckingham Palace au Parlement. Elle présente les projets annuels du gouvernement à la Chambre des lords.

▲ Des représentants de la ville d'Oslo, en Norvège, offrent chaque Noël un sapin à la municipalité de Westminster.

En automne

Des promenades concerts se déroulent de juillet à septembre au Royal Albert Hall. Lors de la dernière soirée, les spectateurs agitent des drapeaux et entonnent des chants patriotiques. Certains apprécient ce spectacle, d'autres le jugent de mauvais goût. En novembre, le Jour du Souvenir *(Remembrance Sunday)*, la famille royale, les politiciens et les forces armées se rassemblent au **Cénotaphe**, à Whitehall, pour rendre hommage aux victimes britanniques de la guerre.

Noël

Au moment de Noël, lumières et décorations illuminent les rues de Londres. Le plus grand arbre de Noël se dresse toujours à Trafalgar Square. La ville d'Oslo, la capitale norvégienne, offre tous les ans depuis 1947 un sapin géant à la ville, en signe de reconnaissance pour sa libération par les troupes britanniques durant la Seconde Guerre mondiale. Trafalgar Square est traditionnellement le théâtre des célébrations du Nouvel an les plus bruyantes de la capitale.

Des personnages très différents ont joué un rôle dans la longue histoire de Londres. En voici quelques-uns parmi les plus célèbres.

Richard Whittington

Richard Whittington est aujourd'hui connu comme personnage de pantomime. Il quittait Londres avec son chat lorsqu'il entendit des cloches carillonner : « Fais demi-tour, Whittington, tu seras trois fois maire de Londres ». Il revint alors dans la capitale et la prédiction s'accomplit. Richard Whittington était un commerçant de la City qui fut maire à quatre reprises entre 1397 et 1419 et qui fit des dons conséquents aux œuvres de charité.

▲ Un portrait de Christopher Wren devant son grand chef d'œuvre architectural, la cathédrale Saint-Paul.

▲ Ce portrait de Charles Dickens assis à son bureau peut être admiré au Victoria and Albert Museum.

Christopher Wren

Christopher Wren, un astronome, fut président de la Royal Society (voir page 21). C'est surtout en tant qu'architecte que les Londoniens le connaissent. Après le grand Incendie de 1666, il construisit la nouvelle cathédrale Saint-Paul et au moins cinquante églises. Christopher Wren est enterré à Saint-Paul. Sur sa tombe, une épitaphe en latin dit : « Lecteur, si tu cherches son monument, regarde autour de toi ».

Charles Dickens

Le romancier Charles Dickens arriva à Londres à l'âge de dix ans, en 1823. À douze ans, il dut commencer à travailler suite à l'emprisonnement de son père. Plus tard, il travailla comme clerc d'avocat et journaliste politique, ce qui lui permit de connaître la vie difficile des Londoniens pauvres. Il utilisa son expérience et sa connaissance de la ville dans ses livres, tel *Oliver Twist*. Une de ses maisons est aujourd'hui un musée.

▲ Ellen Terry était une amie du dramaturge George Bernard Shaw. Shaw écrivit une pièce pour elle.

Ellen Terry

Ellen Terry fut la plus grande actrice londonienne de la fin du XIXᵉ siècle. Son association professionnelle avec Henry Irving, acteur et directeur du Lyceum Theatre, dura vingt-quatre ans. Elle interpréta de nombreux rôles classiques et modernes, mais le plus célèbre fut celui d'Ophélie dans *Hamlet*, la célèbre pièce de William Shakespeare.

OCTAVIA HILL

Au XIXᵉ siècle, Octavia Hill aida les pauvres en achetant, puis en rénovant des taudis pour les louer à un prix raisonnable. Cette initiative eut tant de succès qu'elle fut adoptée dans d'autres villes, telles que Berlin. Octavia Hill fut la co-fondatrice du **National Trust**. L'une de ses résidences porte aujourd'hui une plaque commémorative (ci-dessous). Cette plaque est posée par l'association **English Heritage**, qui indique les endroits liés aux personnages célèbres. Plus de six cents plaques bleues ont ainsi été posées à Londres.

Ken Livingstone est célèbre pour sa ▲ politique de gauche et pour son amour des amphibiens, dont les tritons.

Ken Livingstone

En 1981, Ken Livingstone devint le dirigeant du Conseil du Grand Londres qui administrait alors la capitale. Certaines de ses décisions, comme le déblocage de fonds en faveur des transports publics, furent à l'origine de désaccords avec le gouvernement qui supprima le Conseil en 1986. Ken Livingstone devint alors député du **parti travailliste** du Parlement, pour le Brent, au nord-ouest de Londres. En 2000, il fut élu maire de Londres comme candidat indépendant.

L'AVENIR DE LONDRES

Londres sera sans aucun doute au XXIᵉ siècle une ville passionnante, mais elle devra relever beaucoup de défis. Les quartiers pauvres doivent être réhabilités et les problèmes de transport résolus.

◄ Cette photographie montre le siège du GLA (*Greater London Assembly*), le bâtiment circulaire illuminé, sur la droite.

Une circulation très dense

Les systèmes de transport de la capitale sont au bord de l'asphyxie et la pollution causée par les véhicules à moteur s'aggrave. Le gouvernement va tenter d'améliorer la situation de plusieurs manières. Il envisage de taxer les automobiles pénétrant dans la ville et d'augmenter le prix du stationnement et celui des carburants. Les transports publics doivent être eux aussi améliorés.

La Greater London Assembly

En 1998, les Londoniens acceptèrent par référendum le principe d'un nouveau conseil municipal, la Greater London Assembly. Cette assemblée a été élue, en même temps que le maire, le 4 mai 2000. L'architecte Norman Foster construit, sur la rive Sud de la Tamise, un bâtiment étonnant, transparent, qui abritera ce nouveau conseil.

Le bâtiment

De nouveaux importants bâtiments sont déjà en construction. Parmi eux, la *Spiral* qui est une annexe du Victoria and Albert Museum et qui fut dessinée par l'architecte Daniel Libeskind. Ses surfaces angulaires couvertes de céramique forment un contraste frappant avec le reste du musée victorien.

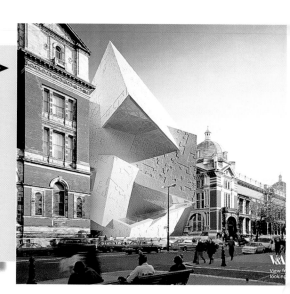

Certains pensent que ► la conception de la *Spiral* du Victoria and Albert Museum est audacieuse. D'autres la jugent catastrophique, car peu intégrée au paysage urbain.

Les nouveaux quartiers

L'ancienne zone des docks, les Docklands, est en reconstruction depuis 1981 (voir page 24). Des particuliers et des sociétés viennent s'y installer et, aujourd'hui, Londres s'étend vers l'est. La rive Sud connaît elle aussi un développement rapide. Son centre artistique doit être reconstruit et le complexe de cinémas agrandi. Le siège du GLA, la nouvelle Tate Gallery et un nouveau pont reliant ce quartier à la City participent à ce développement.

Les entrepôts rénovés des Docklands sont ▲ devenus de spacieuses et luxueuses villas. Plusieurs sont occupées par des riches hommes d'affaires de la City.

Les modifications du système politique

Le système de gouvernement de la Grande-Bretagne connaît de grandes modifications. Le rôle de la Chambre des communes (**House of Commons**) a été modifié en 1999, quand l'Écosse a obtenu son propre parlement, et le Pays de Galles sa propre assemblée. La Chambre des lords (**House of Lords**) changera elle aussi, après des réformes visant à supprimer la transmission héréditaire du titre de lord.

Le rôle européen

Le Royaume-Uni est membre de l'Union européenne, mais n'utilise pas encore la nouvelle monnaie européenne, l'euro. Certains Britaniques craignent que Londres soit devancée par des centres financiers plus importants. Mais les banques, la bourse et les compagnies d'assurance de la City sont aujourd'hui florissantes.

LE NOUVEAU MILLÉNAIRE

Le dôme du millénaire (à gauche) fut au cœur des célébrations de la ville pour le passage à l'an 2000. Dessiné par l'architecte Richard Rogers, il couvrait 8 hectares à Greenwich. Il contenait 14 zones, chacune consacrée à un thème particulier. Au centre, se dressait une immense sculpture d'un homme et d'une femme dans laquelle les visiteurs pouvaient pénétrer. Une immense grande roue a également été construite près de la Tamise à l'occasion du millénaire.

CHRONOLOGIE

Cette chronologie présente les dates les plus importantes de l'histoire de Londres. Tous les événements sont mentionnés dans cet ouvrage.

IER SIÈCLE APR. J.-C.

43

Les Romains envahissent l'Angleterre et établissent le camp de Londinium.

61

Boadicée, la reine du peuple des Icéniens, incendie Londinium ; les Romains finissent par vaincre les peuples bretons et reconstruisent la ville.

V^E SIÈCLE

410

Fin de la domination romaine ; les Saxons s'établissent à l'ouest de Londinium et fondent Lundenwic.

IXE SIÈCLE

886

Le roi Alfred le Grand vainc les Vikings et reconstruit la ville romaine.

XIE SIÈCLE

1016-1042

Les Vikings danois s'installent en Angleterre.

1042

Edouard le Confesseur monte sur le trône.

1066

Le roi Harold succède à Edouard. Harold est vaincu par le roi normand Guillaume le Conquérant, couronné roi d'Angleterre.

XIVE SIÈCLE

1348-50

La peste noire tue environ la moitié de la population de Londres.

XVIE SIÈCLE

1534

Création de l'Église anglicane.

1536

Le roi Henri VIII ferme les monastères de la ville.

1558

La reine Elisabeth Ire monte sur le trône.

1599

Le premier Globe Theatre est achevé.

XVIIE SIÈCLE

1605

La Conspiration des poudres, dirigée contre le roi Jacques Ier, échoue.

1642

La guerre civile éclate.

1649

Le roi Charles Ier est décapité.

1649-1660

Période du Commonwealth.

1665

La grande peste frappe Londres.

1666

Le grand Incendie détruit la majeure partie de la City, dont l'ancienne cathédrale Saint-Paul.

1675-1711

Christopher Wren construit la nouvelle cathédrale Saint-Paul.

XVIIIᴱ SIÈCLE

1702

Fleet Street devient le centre londonien de la presse.

1705

Le palais de Buckingham est achevé.

1759

Le British Museum ouvre ses portes.

1798

Le restaurant Rules est inauguré.

XIXᴱ SIÈCLE

1801

La population de Londres atteint un million de personnes.

1805

La marine britannique remporte la bataille de Trafalgar contre les Français.

1820

Le canal du Régent est achevé.

1826

Création de l'université University College.

1829

Création de la Metropolitan police.

1834

Le palais de Westminster est détruit par un incendie.

1837

La reine Victoria monte sur le trône.

1839

Création de la police de la ville de Londres.

1845

La maladie de la pomme de terre provoque en Irlande une famine qui provoque le départ de nombreux Irlandais vers Londres.

1863

Ouverture de la première ligne du métro londonien.

1880

Une nouvelle loi rend l'école obligatoire jusqu'à l'âge de 11 ans.

1890

Une loi sur le logement des ouvriers est votée.

XXᴱ SIÈCLE

1901

Mort de la reine Victoria.

1914-18

Vote des femmes âgées de plus de 30 ans.

1939-45

Seconde Guerre mondiale. 30 000 victimes à Londres.

1947

Exode des Indiens vers la Grande-Bretagne.

Années 1950

De nombreux immigrés arrivent des Caraïbes.

1953

Couronnement de la reine Elisabeth II.

Années 1960

De nombreux Indiens, chassés de l'Ouganda et du Kenya, arrivent en Grande-Bretagne.

1967-81

L'activité des docks de Londres périclite.

1976

Ouverture du National Theatre.

1981

La réhabilitation des docks commence.

1982

Ouverture du Barbican Centre dans la City.

1986

Ouverture de l'autoroute M25 qui encercle la ville.

1990

Des émeutes contre la Poll Tax ont lieu dans le West End.

1993

Assassinat de Stephen Lawrence, un adolescent noir.

1997

Ouverture du nouveau Globe Theatre.

1999

Le Pays de Galles et l'Écosse ont leur propre assemblée.

Ouverture du dôme du millénaire.

XXIᴱ SIÈCLE

2000

Élection de la Greater London Assembly.

Alfred le Grand (849-899) : roi du Wessex, un royaume saxon du Sud de l'Angleterre, qui repoussa les Vikings au nord de Londres et réunifia le reste de l'Angleterre.

anglican : relatif à l'Église d'Angleterre.

assemblée : un groupe de personnes qui se réunissent pour accomplir des tâches officielles, gouvernementales par exemple.

basilique : un grand bâtiment dans lequel les officiels romains accomplissaient leurs tâches publiques.

Blitz : les importantes attaques aériennes allemandes sur Londres et d'autres villes britanniques pendant la Seconde Guerre mondiale, en 1940 et 1941.

Cénotaphe : monument à la mémoire des victimes britanniques de la guerre, érigé en 1920 à Whitehall. Ce mot vient du grec *konos* vide et *taphos* tombeau.

Chambre des communes (House of Commons) : chambre du Parlement qui est constituée de membres élus.

Chambre des lords (House of Lords) : chambre du Parlement qui est constituée de membres non élus, les *lords* et les *ladies*.

City : la plus ancienne partie de la ville qui s'étend sur environ 2,6 km² (1 mile carré). C'est un centre financier mondial.

Commonwealth : la Grande-Bretagne entre 1649 et 1660, période pendant laquelle il n'y eut pas de souverain.

Conspiration des poudres : une conspiration qui visait le roi Jacques Iᵉʳ et le Parlement en 1605. Les conspirateurs étaient des catholiques qui reprochaient au roi de n'avoir fait aucune réforme religieuse. Le complot fut découvert et la plupart des conspirateurs pendus.

demandeur d'asile : une personne qui arrive de l'étranger et qui est à la recherche d'un asile afin d'échapper à la guerre ou à des persécutions.

East End : la partie de Londres qui s'étend à l'est de la City. Ce fut pendant longtemps un quartier défavorisé, mais des travaux (la réhabilitation des quais par exemple) a permis la création de quelques quartiers riches.

Empire britannique : l'empire formé par la Grande-Bretagne et les nombreux pays qu'elle gouvernait autrefois. L'empire se développa au début du XVIIᵉ siècle et en 1918 couvrait plus du quart de la surface du globe. Il déclina à partir de la moitié du XXᵉ siècle, de plus en plus de ses pays membres accédant à l'indépendance.

English Heritage : une organisation créée par le gouvernement en 1983 afin de protéger les monuments anglais.

forum : dans la Rome antique, une place sur laquelle se tenaient les réunions et les marchés. Le forum de Londres était quatre fois plus grand que Trafalgar Square.

géorgien : relatif à la période (1714-1830) qui vit se succéder sur le trône quatre rois prénommés George.

guerre civile : une guerre qui oppose des groupes d'habitants d'un même pays.

heure d'été britannique : l'heure adoptée en Grande-Bretagne de mars à octobre, en avance d'une heure sur l'heure du méridien de Greenwich.

heure du méridien de Greenwich : l'heure de Greenwich, en Angleterre, qui est situé sur le méridien de longitude zéro, utilisée comme référence pour calculer l'heure dans le reste du monde.

Household Cavalry : le régiment de cavalerie qui forme la garde personnelle du souverain.

huguenots : protestants français qui avaient adopté pour la plupart d'entre eux les idées du chef religieux suisse Jean Calvin.

Inn of Court : un institut d'études judiciaires. Il y en a 4 : Lincoln's Inn, Gray's Inn, Inner Temple et Middle Temple.

IRA (Irish Republican Army) : l'Armée de Libération Irlandaise, une organisation qui veut mettre un terme à la présence britannique en Irlande du Nord pour réunifier l'Irlande et qui s'est livrée à des actes terroristes pour arriver à ses fins.

minorité ethnique : un groupe de personnes appartenant à une culture différente de celle de la majorité de la population.

National Trust : une organisation chargée de la protection des bâtiments historiques en Angleterre, en Irlande du Nord et au Pays de Galles.

nazi : relatif au parti national-socialiste allemand dirigé par Adolf Hitler. Les nazis furent au pouvoir entre 1933 et 1945 et persécutèrent les juifs et d'autres minorités.

normand : relatif aux habitants de la Normandie, dans le nord-ouest de la France, qui conquirent l'Angleterre en 1066.

parti travailliste (Labour Party) : un des deux principaux partis politiques britanniques. C'était à l'origine une organisation de gauche, socialiste, mais qui est devenue plus modérée au cours de ces dernières années.

peste noire : une épidémie de peste qui s'est propagée de la Chine à l'Europe au XIVᵉ siècle. Elle fut appelée peste noire, car elle provoquait des taches noires sur la peau.

pierre de Rosette : une pierre noire découverte à Rosette, en Égypte, en 1799. Elle porte des inscriptions en grec et en hiéroglyphes égyptiens, ce qui permit à des experts de déchiffrer ces derniers.

pogrom : une attaque violente et organisée contre des juifs.

Poll Tax : un impôt qui porte sur les personnes et non sur les biens ou sur les revenus.

Première Guerre mondiale : une guerre qui dura de 1914 à 1918 et dans laquelle furent impliqués de nombreux pays. Finalement, l'Allemagne et l'Autriche-Hongrie furent vaincues par la France, la Grande-Bretagne, la Russie et les États-Unis.

puritain : un protestant de stricte obédience, souvent disciple de Jean Calvin (voir huguenot). Les puritains ont des cérémonies religieuses simples et portent souvent des vêtements simples et sombres.

révolution industrielle : la transformation d'une économie essentiellement agricole en une économie essentiellement industrielle. En Grande-Bretagne, elle eut lieu entre 1750 et 1850 environ.

Royal Shakespeare Company : une compagnie théâtrale qui monte essentiellement des pièces de William Shakespeare. Elles sont d'abord représentées à Stratford-on-Avon (lieu de naissance de Shakespeare), puis au Barbican Centre à Londres.

Saxon : un membre d'un peuple germanique qui envahit l'Angleterre aux Vᵉ et VIᵉ siècles.

Seconde Guerre mondiale : une guerre qui dura de 1939 à 1945. Finalement, l'Allemagne, l'Italie et le Japon furent vaincus par la France, les États-Unis, la Grande-Bretagne et l'URSS.

Square Mile (le mile carré) : le surnom de la City, qui couvre environ un mile carré (2,6 km²).

Stuart : dynastie qui régna sur l'Angleterre de 1603 à 1714.

suffragette : une femme qui se battait en faveur du droit de vote (suffrage) pour les femmes.

Tudor : dynastie qui régna sur l'Angleterre de 1485 à 1603.

tumulus : amas de terre ou de pierre que certains peuples anciens élevaient au-dessus de leurs sépultures.

tunnel sous la Manche : le tunnel ferroviaire qui relie la France et l'Angleterre depuis 1994.

Viking : un guerrier originaire du Danemark, de la Suède ou de la Norvège. Les Vikings envahirent de nombreux pays et s'y installèrent entre le VIIIᵉ et le XIᵉ siècles.

villes nouvelles (New Towns) : villes construites en Grande-Bretagne après la Seconde Guerre mondiale, car il n'y avait pas assez de logements dans les grandes villes. Les villes nouvelles autour de Londres comprennent Basildon, Harlow et Stevenage.

West End : un quartier riche situé à l'ouest de la City. Il était formé à l'origine par les quartiers de Soho et Mayfair, mais il s'est étendu et compte maintenant beaucoup de magasins et de théâtres.

INDEX